QUE N'AVIONS-NOUS PAS A CRAINDRE?

QU'AVONS – NOUS A ESPÉRER?

ou

RÉFLEXIONS

D'UN OBSERVATEUR IMPARTIAL.

Sic est vulgus : ex veritate pauca, ex opinione multa estimet.....

Sed perturbat nos opinionum varietas hominumque dissentio. Cic.

A PARIS,

Chez **POULET**, quai des Augustins, n°. 9; et chez les marchands de nouveautés.

1815.

PRÉFACE.

Lᴇ plus bel hommage qu'on puisse rendre à une cause juste, est de raisonner sur les évènemens avec justice et impartialité. C'est cependant ce qu'on ne remarque pas dans presque tous les écrits de circonstance qui se multiplient de jour en jour et se succèdent rapidement. La basse flatterie, la prévention, la fureur y dénaturent souvent les faits au lieu de les faire connaître; aigrissent les partis au lieu de les concilier. Ne pourra-t-on jamais être attaché à un souverain juste, bon et légitime, sans s'arroger le rôle infâme de dénonciateur, sans désigner ces victimes que lui-même veut épargner, sans blesser enfin les convenances et la vérité?...

Ne pourra-t-on pas être historien sans devenir libelliste ?... C'est ce que je vais tâcher de faire. Puissé-je remplir le noble but que je me suis proposé !...

————————

QUE N'AVIONS-NOUS PAS A CRAINDRE?

QU'AVONS – NOUS A ESPÉRER?

o u

RÉFLEXIONS

D'UN OBSERVATEUR IMPARTIAL.

Dans l'espace de vingt-cinq ans, la France a souffert de si fréquentes et si terribles vicissitudes, que chacune d'elles, même en la considérant comme l'ouvrage de plusieurs siècles, aurait suffi à détruire les bases de l'Etat le mieux affermi. Dans ce court intervalle de temps, on a vu succéder rapidement à l'ancien régime la monarchie constitutionnelle, l'anarchie, le règne de la terreur, le républicanisme, le con-sulat, le despotisme, de nouveaux systèmes et des constitutions nouvelles. Chaque transaction a entraîné à sa suite de nouvelles calamités ; et le passage de l'une à l'autre n'a pu jamais s'effectuer que par des secousses violentes qui ont coûté des larmes et du sang. Rendue à ses rois naturels, la France voit avec eux sortir du sein des orages une aurore propice qui semblait désormais promettre des jours de tranquillité et de bonheur. Tout contribuait à nous bercer de cette flatteuse espérance. Un roi bon et éclairé, l'abdication de Napoléon, la soumission de l'armée, la paix avec toute l'Europe, une *charte*...... Mais, hélas! après vingt cinq ans de troubles et d'ostracisme, on voit paraître encore les mêmes préjugés, les mêmes haines, le même orgueil, le même égoïsme, tous les funestes principes enfin qui servirent de base à la plus terrible des révolutions. Ces principes étant donc les mêmes, ne pouvaient manquer de produire les mêmes effets. C'est ce qui malheureusement est arrivé, et ce qui nous porte à examiner les véritables causes qui ont pu mettre en action ces principes.

Point d'Etat ni de système durable sans ordre et sans harmonie. Cette harmonie n'étant autre chose qu'un accord unanime de sentimens se dirigeant tous à un même but, il est d'une sage politique de trouver le secret de concilier entre eux tous les partis, afin d'atteindre ce but aussi juste que nécessaire. Sans cette prévoyance, les partis, agissant chacun dans un sens opposé, s'entre-choquent dans leur marche incertaine, troublent l'équilibre qu'on voudrait établir ; et dans la lutte qui existe entre leurs divers intérêts et leurs opinions différentes, le plus solide gouvernement s'ébranle enfin, succombe ; et on voit alors s'élever sur ses ruines encore récentes, l'empire funeste du despotisme ou de l'anarchie. Toute révolution, au milieu des maux graves qu'elle entraîne, sert souvent à corriger ces abus et ces préjugés qui ont servi de raison ou de prétexte à ces gens qui étaient moins les amis de l'ordre que des innovations. Pour se convaincre de cette vérité, il suffit de parcourir l'histoire des révolutions de tous les peuples. L'humanité y gémit ; mais on se console en observant que la génération existante souffre presque toujours à l'avantage de la génération qui lui succède. Ce serait exciter de nouveau un incendie que les plus grands sacrifices pourraient à peine appaiser, que de vouloir rétablir ces anciens abus, ou d'éveiller même le soupçon qu'on a le dessein d'effacer en tout ou en partie ce qu'a irrévocablement sanctionné la majorité d'une nation.

Quand Louis XVIII monta sur le trône, il trouva les Français divisés entr'eux et d'idées, et d'opinions et d'intérêts. On peut dire franchement qu'ils formaient trois factions différentes, composées de républicains, de bonapartistes et de royalistes. Les deux premiers partis , quoique discordans entr'eux (et par principe et par caractère), étaient cependant prêts à former cause commune , pour peu que le dernier de ces partis pût acquérir quelque prépondérance. Ce dernier parti , au retour des Bourbons, s'étant accru de nouveaux prosélytes, devait , par conséquent , exciter les alarmes des partis contraires , qui devinrent en effet plus soupçonneux en proportion que l'autre devenait plus nombreux ou plus entreprenant. Il est presqu'impossible qu'un monarque, placé en des circonstances aussi difficiles , puisse garder une exacte balance entre des partis si diamétralement opposés ; qu'il n'éveille pas des craintes, des jalousies chez les uns ou les autres, s'il ne ferme pas l'oreille à toute influence, et si , par une marche ferme et assurée , il n'encourage pas les plus timides et n'impose silence aux plus audacieux. Toute incertitude , toute perplexité ne serait qu'une faiblesse ; et un gouvernement faible , dans certains cas , ne diffère pas , par ses effets , de la plus affreuse tyrannie. Si ce n'est donc que la faiblesse des peuples qui constitue la force du tyran, la faiblesse d'un monarque peut aussi porter les peuples à un oubli de leurs devoirs, qui dégénérera bientôt en tyrannie d'autant plus terrible, qu'il n'aura plus de frein capable de l'arrêter.

La sagesse du Roi cherchait à prévenir les

inconvéniens qui pouvaient résulter de la disposition où se trouvaient alors les esprits ; mais
il faut avouer qu'il ne fut pas secondé dans ses
vues paternelles par ceux-mêmes qui semblaient
être les plus attachés à sa gloire et à sa per-
sonne. Jusqu'alors les indépendans (1) et les
acquéreurs de biens nationaux avaient eu dans
la *charte* une garantie irrévocable et de leurs
biens et de leur liberté ; mais cet espoir ras-
surant ne fut pas de longue durée. Des hommes
que le malheur avait condamnés à l'exil revoient
enfin leur patrie, et ils n'y apportent que d'anciennes idées, des pertes et de tristes souvenirs. Sans m'arrêter à examiner les véritables
raisons qui ont occasionné ces pertes, il est
certain qu'ils ne pouvaient voir avec indifférence, et après vingt ans de privations, les
biens de leurs ancêtres possédés par des mains
étrangères. Mais ils devaient cependant réfléchir qu'il y a des cas où la raison ne saurait
prononcer en faveur du petit nombre sans être
injuste et sans entraîner le malheur de la majorité, qui, étant d'ailleurs la plus forte, est

---

(1) Par indépendans, on n'entend pas ici des terro-
ristes ni des jacobins, mais ceux qui ne voulaient plus
dépendre d'un système arbitraire qui s'opposait et au
bonheur de la France et aux véritables intentions du Roi.

plus en état d'opposer de résistance. Or, c'est dans ces mêmes cas que l'homme sage , le bon Français doit l'abnégation la plus absolue à la tranquillité de son Roi et de son pays , d'autant plus qu'on ne pouvait pas ignorer que le Roi se préparait à indemniser, par d'autres moyens , ceux que des obstacles insurmontables privaient à jamais des biens qu'ils avaient autrefois possédés (1). Les plus prudens attendaient, sans murmurer , les effets de ces justes et sages mesures (2) ; mais d'autres, par leur impatience, voulaient devancer ce que les temps et les circonstances ne pouvaient amener que lentement et par degrés. Il est à remarquer que les premiers étaient précisément ceux qui avaient le plus perdu, et qui, par leur conduite égale et

---

(1) Il est indubitable que le Roi avait déjà commencé à former une caisse destinée à indemniser, en tout ou en partie, ceux des émigrés qui n'avaient pu rentrer dans la possession de leurs anciens domaines. Et en attendant (et j'en suis témoin oculaire), monseigneur l'archevêque de Rheims était chargé par S. M. d'accorder des secours aux plus nécessiteux.

(2) J'ai entendu les premiers (dont la plupart appartenaient aux plus illustres familles) se plaindre hautement des imprudences et des prétentions de leurs confrères, en ce qu'elles ne pouvaient que troubler la tranquillité de la nation et du Roi.

irréprochable , étaient autorisés à espérer les bienfaits d'une dynastie à laquelle ils avaient sacrifié leur patrie et leur fortune. Les infatigables sollicitudes , aussi déplacées qu'imprudentes , des plus exigans pour rentrer dans leurs droits , et peut-être aussi dans leurs prérogatives , alarment les anciens vassaux , les nouveaux propriétaires , qui , à leur tour , se gendarment contre des adversaires dont ils craignent l'influence et l'activité. Au lieu de faire oublier les temps de malheur , on se plaît alors à en renouveler le souvenir par des propos qui excitent l'animosité et des uns et des autres. Tout concourt à occasionner un éloignement entre ceux que l'intérêt général devait rapprocher ; des principes , des usages , des manières diverses. Des hommes arrivés au - delà de la maturité de l'âge , devaient-ils changer tout-à-coup d'idées et d'habitudes pour s'assimiler à la génération qu'à peine ils avaient vu naître ? Non ; mais , par leurs procédés et leurs discours , ils pouvaient pallier ce contraste , qui frappait la multitude. Le grand objet que le Roi se proposait , c'était de réunir tous les Français sous le nom d'une même famille. Il fallait donc , pour remplir ce grand dessein , jeter un voile sur le passé , ne pas se roidir contre ce qu'il y avait d'insurmontable dans le présent , et attendre de la justice du monarque un avenir

plus heureux qui pût concilier tous les intérêts.
On dira que la *charte* devait suffire pour tran-
quilliser les esprits contre ces prétentions in-
sensées, contre ces réclamations élevées plutôt
par l'imprudence que par la méchanceté et le
mécontentement. Mais cette *charte* n'avait encore été sanctionnée par aucun acte solennel.
Plusieurs journaux en faisaient remarquer les
infractions; et quand, d'autres journaux cherchaient à réfuter ces remarques, on le faisait
ou très-faiblement, ou d'après un esprit de
parti et d'animosité qui ne faisaient qu'ouvrir
les blessures. Presqu'en même temps deux
écrits (1) viennent augmenter les alarmes des
possesseurs de biens nationaux. Les auteurs
de ces écrits furent condamnés, il est vrai, à
une détention de quelques jours; mais on pré-
tendait savoir que leurs productions, avant
d'être publiées, avaient été sanctionnées par
l'approbation, au moins tacite, d'un des ministres; que, d'après cette sauve-garde, ces

---

(1) *De la restitution des biens des émigrés, considérée sous
le rapport du droit civil et de la politique, et de la révocation
de la loi du 24 octobre 1792, qui a aboli les substitutions ;*
par H. Dard, avocat à la Cour de cassation. Lenormant,
1815, in-8°. — *Sur la vente des biens nationaux;* par
M. Falconet.

mêmes auteurs pouvaient impunément, ainsi qu'ils le firent par leurs protestations, braver les tribunaux en criant à l'injustice. En attendant, des exemplaires multipliés de leurs ouvrages jetaient le trouble et dans la capitale et dans les provinces ; et quand on croyait reposer tranquillement dans le port, on se voyait menacé d'essuyer de nouvelles tempêtes. Dans plusieurs sociétés et dans certains conciliabules, on entendait déclamer contre cette même *charte* qui devait être considérée comme le palladium du pacte nouvellement établi entre la nation et son chef. On s'y plaignait hautement de ce que le Roi ne voulait pas être *maître absolu*. Dans un état de perplexité, tout est propre à éveiller la défiance. Elle augmenta, chez quelques uns, à un tel point, qu'ils croyaient devoir reculer jusqu'à ces temps où l'autorité du monarque n'existait que dans la volonté arbitraire des ministres, où la protection et l'intrigue ouvraient les portes à l'injustice et à la faveur. Les plus légères circonstances semblaient venir à l'appui de cette triste conviction. Depuis quelque temps la couronne était grevée d'une dette assez considérable envers un ministre que la France n'avait connu que pour son malheur. Il était sans doute de la dignité d'un souverain de remplir les engagemens de ses prédécesseurs ; mais on pouvait attendre une occasion plus propices, ou solder cette dette avec le temps, et à plusieurs paiemens.

Loin d'adopter une mesure aussi sage que politique, on accorde, d'un seul trait de plume, deux millions à l'héritière de l'habile spéculateur. Dans un moment où la France était épuisée, où plusieurs milliers d'infortunés, destitués de leurs emplois, périssaient d'inanition; où, enfin, les besoins de l'Etat exigeaient le plus prompt remède, cet empressement à livrer une si énorme somme parut moins un devoir qu'une manœuvre de ministère, et les ennemis de l'ordre ne manquèrent pas de profiter de cette faute (comme nous le verrons après) pour accroître le mécontentement.

Ce qui servait encore leurs vues, c'était la contradiction frappante qu'on remarquait entre les promesses du Roi et les déclamations d'un certain journal, qu'une saine politique aurait dû, au moins, réprimer. En parlant toujours d'un ton exagéré de religion et du pouvoir des Rois; en se déchaînant contre toute liberté raisonnable; en invoquant, contre les peuples une verge de fer, il semait le trouble et l'épouvante : il paraissait appeler un despote à la place du *tyran* qui cessait d'exister; et, en exaltant ainsi des esprits déjà assez échauffés, il irritait les plus méfians ou les plus timides qui se croyaient trompés dans leurs vœux les plus chers. Le Roi, incapable de manquer aux engagemens qu'il avait spontanément contractés, n'était pas responsable du zèle frénétique qui s'était emparé du rédacteur de cette feuille dangereuse, qui, par ses expressions, semblait donner un démenti aux promesses solennelles de son souverain ; mais on croyait savoir qu'un homme puissant encourageait ces diatribes et par ses largesses et par sa protection. En attendant, toutes les classes étaient mécontentes : quelques anciens nobles, parce que le Roi ne s'était réservé assez de pouvoir ; les constitutionnels, de crainte qu'il n'en eût trop. Chacun se croyait lézé dans ses prétentions et dans ses droits. Il aurait fallu au roi une prévoyance plus qu'humaine pour calmer tous les esprits, pour réunir toutes les opinions, pour satisfaire tous les intérêts. Au défaut de cela, il n'y avait qu'un moyen pour imposer silence au petit nombre, et faire disparaître tout sujet de plainte et d'alarmes chez la majorité : la proclamation de la *charte*. Mais on négligea ce moyen, soit parce que le Roi attendait un moment plus propice, soit parce qu'on sut préparer adroitement des obstacles, ou apporter des raisons spécieuses à l'accomplissement des projets du monarque. L'indifférence des ministres à calmer les alarmes semblait, en quelque sorte, les autoriser. Il paraissait même qu'au lieu de ménager l'esprit public, ils cherchaient, au contraire, à essayer contre lui leurs forces, afin de l'amener insensiblement (pour peu qu'il eût montré de faiblesse) au point de réaction qu'exigeait l'intérêt de quelques particuliers; mais l'esprit public se roidit contre tout ce qu'il n'envisageait que comme des tentatives à ses propriétés et à son indépendance. Sans même l'événement qu'apporta un nouvel ordre de choses, cet état de crise ne pouvait guère durer. La marche du gouvernement, malgré les sages dispositions du Roi, semblait annoncer tantôt de la faiblesse, tantôt de l'incertitude peu propres à rassurer.

D'un autre côté, des hommes, accoutumés à vingt-cinq ans de troubles, s'ennuyaient du repos; des employés, privés de leurs places, regrettaient un régime sous lequel ils avaient leur existence assurée ; d'autres, ayant pris une part plus ou moins active à la révolution, étaient intéressés à la maintenir (1); d'autres en-

______

(1) Il n'y a pas de doute qu'il existait à Paris plusieurs conciliabules où l'on s'occupait sérieusement du retour de Bonaparte. Mais, pour comble de malheur, on ne peut pas non plus se dissimuler que le Roi fut également trahi et par les conspirateurs, et par une police inactive qui, ne pouvant douter qu'il existait des traîtres et dans les bureaux, et dans les administrations et dans les armées, eut le talent de l'ignorer jusqu'au bout.

core, qui avaient contribué à la destruction de
la monarchie, ne la voyait qu'avec dépit se
relever de ses ruines; les ministres, les con-
seillers, les agens subalternes de Bonaparte,
ceux qui avaient eu sous lui quelque portion
d'autorité, ces petits despotes secondaires,
ces égoïstes impassibles, ces gens versatiles,
inquiets, turbulens, haïssaient nécessairement
les Bourbons, et soupiraient après le retour
d'un gouvernement si favorable à leurs passions
et à leurs intérêts. Tous ces gens-là, ayant
formé, dans l'ombre, une conjuration, réso-
lurent de rappeler leur ancien maître. Cinq
cents mécontens ne suffisant pas à réaliser ce
grand projet, et ne pouvant substituer leurs
volontés particulières à la volonté de la masse
de la nation, se proposèrent d'augmenter les
alarmes publiques, en excitant la discorde et
la malveillance. Ils prirent donc à tâche de
relever les moindres fautes du gouvernement,
de les exagérer, de leur donner, en les pro-
pageant, les couleurs les plus effrayantes. Des
émissaires, des correspondans secrets agissaient dans les provinces, et, se prévalant de
la léthargie, de l'incertitude et de l'obscurité
qui régnaient dans quelques dispositions du
ministère, ils proclamaient hautement que la
patrie était en danger; ils assuraient qu'on allait

rétablir définitivement le servage, la glèbe, la dîme et la féodalité.

En attendant, ils avaient établi une correspondance avec le souverain de l'île d'Elbe, et lorsqu'ils crurent que leurs prosélytes étaient assez nombreux, on lui persuada aisément qu'il était de nouveau appelé sur le trône par le vœu de toute la France. Bonaparte, empressé de reprendre les rênes du pouvoir, menacé d'être transporté à l'île Sainte-Hélene, ne balança pas, et céda encore plus à ses desseins qu'aux flatteuses insinuasions de ses partisans.

En attendant, on devenait de jour en jour plus inquiet ; dans les villes, dans les campagnes, les esprits remuaient, s'agitaient : chaque intéressé crut, ou feignit devoir craindre, pour ses biens, ou pour sa liberté, ou pour ses droits. Ce fut dans ce moment de combustion générale que Napoléon débarqua à Cannes. Ce coup d'audace politique était plutôt l'ouvrage de l'opposition qui règnait entre les partis, que d'un assentiment général entre les chefs de l'armée. Si Bonaparte n'avait eu des avis assez sûrs et des raisons assez solides pour compter sur plusieurs mécontens du Midi, comment aurait-il pu traverser, sans obstacle, et avec une poignée d'hommes, plus

de quarante lieues dans un pays si prodigieuse-
ment peuplé, que le tocsin d'un seul village
aurait aussitôt assemblé plus de trente mille habitans, qui, lui coupant toute retraite, aurait
pu l'anéantir, lui et le peu de soldats qui compo-
saient son escorte? Comment arriva-t-il qu'il fut
reçu partout sans le moindre obstacle? Si tous
ses anciens généraux étaient avertis et prompts
à seconder ses projets, pourquoi ceux qui com-
mandaient en la Provence et dans les autres dé-
partemens qu'il parcourut jusqu'à Grenoble (1),
ne lui envoyèrent-ils pas de secours? Sa suite
s'accrut-elle d'un seul soldat depuis Cannes jusqu'à la capitale du Dauphiné? Si tous ces chefs,
si tous leurs soldats étaient séduits, quel besoin
avait-il d'aller, pour ainsi dire, de bataillon en
bataillon, au péril même de sa vie (2), réveiller
l'ancien amour de ces guerriers par le souvenir
de leurs triomphes et de leur gloire? Ces mêmes
guerriers n'avaient-ils pas refusé d'écouter ses
émissaires? D'autres ne combattirent-ils pas
contre lui sous les ordres d'un Bourbon.....?

---

(1) Non, sans les subsides que la trahison lui procura
dans cette ville, Bonaparte n'aurait jamais osé s'appro-
cher de Paris.

(2) On n'igore pas que Napoléon se présenta seul aux
avant-postes, qui avaient ordre de tirer sur lui. On ne

Non, l'armée n'aurait pas replacé Napoléon sur le trône, si le mécontentement et un défaut général d'union et d'énergie ne lui en eût pas frayé le chemin.

Lors de la restauration, la grande majorité de l'armée avait reconnu son Roi légitime, changé l'aigle (1) pour les lis. Et cependant, les vainqueurs du Pont-de-Lodi, de Mantoue, de Marengo, n'existaient déjà plus ; et dans le laps de vingt-deux ans il y avait peu de soldats qui eussent vécu sous le règne des Bourbons. Ils se soumirent à leurs lois plus par raison que par un sentiment qu'ils n'avaient eu le temps de connaître. Napoléon paraît : des chefs coupables les séduisent et [les entraînent : ils s'oublièrent, il est vrai ; mais on leur persuada d'abord que l'abdication de Napoléon était nulle, parce qu'on avait manqué à la foi des traités. Le soldat (à qui on ne doit point supposer une bien forte logique) se crut alors dégagé de son second serment, et considéra le premier exis-

---

tira pas ; mais c'est que la présence d'un ancien chef, autrefois victorieux, l'emporta dans ce moment, près du soldat, sur toute autre considération. J'apporte ce fait, non comme une excuse, mais comme une raison.

(1) On dira à cela que quelques soldats conservaient cachée la cocarde tricolore ; mais cela ne servirait à prouver, sinon que l'on garde toujours avec plaisir ces gages,

tant dans toute sa force. A ces raisons on
peut en ajouter d'autres non moins plausibles ;
un esprit de corps qui règne dans toutes les armées, l'appât de ces avancemens, de ces déco-
rations, de cette gloire auxquels ils frémis-
saient d'avoir dû renoncer ; l'abandon où ils se
croyaient à jamais relégués ; l'imprudente faci-
lité avec laquelle on accordait ces croix con-
sacrées à être le prix du talent, de la fidélité et
de la valeur ; les dénonciations, les injures de
quelques écrivains, qui, de leur plume empoi-
sonnée osaient, attaquer la gloire, l'honneur de
ces guerriers qui étaient morts en combattant
pour la patrie ; le mépris déplacé avec lequel
des hommes indiscrets cherchaient à froisser
le juste amour-propre de ces chefs couverts
de lauriers, de ces chefs que le Roi lui-même
savait distinguer et apprécier avec cette ai-
mable affabilité qui le caractérise (1). L'armée

---

ces signes qui nous rappellent ou les objets de notre af-
fection (quand même ces objets n'existent plus), ou qui
flattent notre amour-propre par le souvenir de quelque
époque éclatante pour nous dans la carrière de notre vie.
Ils brûlèrent leurs drapeaux, sous lesquels ils avaient
vaincu ; mais ils effaçaient ainsi le passé pour entrer dans
un nouvel ordre de choses.

(1) On n'entend pas parler ici de ces chefs qui se sont
couverts d'infamie, et qu'on doit abandonner au glaive
des lois.

contribua, il est vrai, à l'élévation de Bonaparte ; mais ce fut après que l'injustice , la malveillance et l'envie, en les remplissant d'amer-
tume, avaient éloigné du Roi ses enfans et ses
défenseurs. En un mot, jusqu'au 7 mars dernier, que pouvait-on reprocher au soldat français, si ce n'est ses triomphes ?....

« Qui donc méconnaît l'héroïsme de notre
» armée ? Qui ne connaît l'admiration du Roi
» et de nos Princes pour nos soldats ? L'armée
» française est *tout l'honneur de la France :* si
» ses succès n'avaient pas fait oublier nos cri-
» mes, dans quelle dégradation ne serions-nous
» pas tombés aujourd'hui ! *Elle nous dérobait*
» *au mépris des nations , en nous couvrant de*
» *lauriers ;* à chaque cri d'indignation échappé
» à l'Europe, elle répondait par un cri de triom-
» phe (1).... *Honneur à cette armée* si brave , si
» sensible à la gloire ; qui, toujours fidèle à ses
» drapeaux, oubliant les folies d'un barbare,
» retrouva, après la retraite de Moscou, assez
» de force pour gagner la bataille de Lutzen ;
» qui, poussée et non accablée par le poids de

---

(1) En effet, les horreurs qui se commettaient alors
en France avaient excité l'indignation générale ; et sans
les victoires de ses armées, la nation serait à jamais tom-
bée dans le mépris le plus absolu.

» l'Europe, se retira en rugissant dans le cœur
» de la France, défendit pied à pied le sol de la
» patrie, se préparait encore à de nouveaux
» combats, lorsque, placée entre un chef qui
» n'avait pu mourir, et un Roi qui venait fer-
» mer ses blessures, elle *s'élança toute san-*
» *glante* dans les bras du fils de Henri IV » (1).
Ces paroles, prononcées par un homme si avan-
tageusement connu par ses talens et son atta-
chement à ses rois, sont le plus bel éloge qu'on
puisse faire de ces braves, et doivent condam-
ner au silence leurs détracteurs.

Ceux qui avaient rappelé Napoléon voulaient
moins le rétablir sur le trône, que se servir de
son influence pour réaliser leurs projets. A
peine entré dans la capitale, il promet liberté
et indépendance aux peuples. Cette promesse
de la part de celui dont, pendant douze ans,
l'autorité avait été suprême et absolue, ne man-
qua pas de produire l'effet que Bonaparte en attendait, c'est-à-dire d'en imposer aux plus cré-
dules sur ses véritables intentions, et d'augmenter par-là le nombre de ses partisans. Mais cette
illusion ne fut pas de longue durée. L'*acte addi-*

----

(1) Rapport sur l'état de la France, fait au Roi dans
son Conseil, par le vicomte de Châteaubriand, dans le
mois de juin 1815.

tionnel parut, mais il ne pouvait plaire à la majorité des Français *affamés* d'indépendance (1). Les plus habiles publicistes étalèrent alors tous leurs talens pour faire remarquer le sens équivoque et obscur de plusieurs articles, les lacunes et les défauts de leur ensemble. Tous les journaux aussitôt parlent républicanisme. L'acte additionnel étant l'objet de leurs savantes élocubrations, les uns offrent des correctifs, d'autres des améliorations, d'autres proposent successivement toutes les constitutions de l'un et de l'autre émisphère, et voudraient faire de nous tantôt des Anglais, tantôt des Suisses, tantôt des Pensilvains. Au milieu de Paris on se croyait transporté dans l'ancienne Athènes. Les sallons, les cafés, les théâtres étaient devenus autant de portiques où se discutaient les grands intérêts de l'Etat.

En attendant, Napoléon s'était efforcé de faire croire qu'il aurait obtenu la paix avec les puissances, en ratifiant le traité de Paris. Mais les puissances se refusèrent à entendre aucune de ses propositions. Comment pouvait-on espérer qu'elles seraient admises ? L'Eu-

---

(1) On s'était également récrié sur quelques articles de la *charte* : y aurait-il un législateur assez habile pour savoir ce qui peut convenir aux Français ?

rope n'avait-elle pas déclaré la guerre à son nom et à sa dynastie? Vingt ans, d'expérience n'étaient - ils pas suffisans pour l'éclairer sur ses véritables intérêts? L'Angleterre, âme de cette coalition, dont l'accord permanent sera un fait mémorable dans l'histoire; l'Angleterre aurait-elle pu consentir à la nouvelle élévation de son plus mortel ennemi? Les grands intérêts débattus dans le *congrès de Vienne* pouvaient-ils faire espérer jamais qu'on verrait tranquillement Napoléon occuper encore le trône de la France? Son amour-propre, son ambition ne l'auraient-ils pas entraîné, malgré toutes ses protestations, à faire disparaître cette barrière politique et militaire du royaume des Belges? Et pour peu que la fortune eût secondé ses projets, comment n'aurait-il pas dépassé les bords du Rhin, franchi les Alpes, pour aller reprendre la couronne des Lombards, rétablir la Saxe, soulever la Pologne? Comment l'orgueilleux Napoléon n'aurait - il pas cherché à venger ses défaites sur Vienne, Munich et Berlin?

Cependant, tandis que l'Europe entière lui déclare encore la guerre, Napoléon rassemble le Champ-de-Mai; et au milieu de tout ce que le faste a de plus imposant, il se fait de nouveau proclamer empereur. Les deux Chambres ouvrent aussitôt leurs séances; et depuis ce moment, cet arbitre des nations ne devient qu'un fantôme de monarque, sans volonté et sans pouvoir : le même moyen qu'il avait choisi pour rompre ses chaînes, ne sert qu'à les appesantir ; et la même impulsion qui l'élève au trône va bientôt l'en chasser à jamais. S'il n'est pas soutenu par la victoire, sa déchéance est irrévocable : l'*acte additionnel* l'a prononcée.

Les Chambres, séduites par le pouvoir qu'elles allaient exercer, ne considéraient pas que, dans un moment où tout faisait craindre les approches d'une guerre obstinée, où la France était agitée par des partis animés l'un contre l'autre, il fallait, non une réunion nombreuse, composée de volontés discordantes (1), opposées souvent et d'avis et d'intérêts, mais une volonté active, une exécution prompte dans les affaires et dans les délibérations.

Dans ces assemblées tumultueuses, on ne parlait que d'abus, d'amendemens, de réformes ; on plaisantait, on s'insultait quand il s'agissait de se défendre des ennemis du dehors,

______

(1) Je ne rapporte ces faits que pour prouver l'incapacité des chambres dans l'exercice des pouvoirs qu'elles s'étaient arrogés ; et pour faire remarquer l'aveuglement du *grand homme*, qui allait être la victime de ceux-là mêmes qu'il méditait peut-être d'anéantir.

et de ceux qu'on se plaisait à appeler les *traîtres à la patrie*. Enfin, lorsqu'il fallait un dictateur, les chambres se revêtissaient de toute la force législative ; et quand le monarque devait commander on reconnut à peine en lui le général. Napoléon, de son côté, ne sait pas se prémunir contre le résultat d'une défaite, et il est comme à la merci de ceux-là mêmes dont il a fait autant de souverains.

Quel équilibre pouvait-il exister, dans des instants aussi critiques, entre deux pouvoirs jaloux l'un de l'autre, et qui, d'après leurs attributions et leurs intérêts particuliers, ne semblaient agir que pour se nuire réciproquement ? Les Chambres ne savaient pas commander, le monarque n'était pas maître ; les alliés occupaient les frontières ; et pendant que cinq cents députés délibéraient sur les moyens (les moins efficaces) pour arrêter les progrès de ce qu'ils honoraient du nom de *complots*, de *trahison*, de *royalisme*, les fidèles partisans de la bonne cause gagnaient toujours du terrain, agissaient avec succès et dans les villes et près des cabinets, et dans les armées. Telle fut la conduite que tinrent les Chambres jusqu'à la bataille de Waterloo. Et c'est ainsi que s'égarent ceux qui, en voulant sonder les bases d'un pouvoir légitime, en méconnaissant les droits de leur véritable souverain , ne péuvent trouver , dans leur marche vicieuse, que désordre et que confusion.

Bonaparte était déjà à la tête de ses armées. Trois jours se sont à peine écoulés depuis son départ, que le bruit du canon annonçant une victoire obtenue par des Francais , produit chez les Français un effet tout différent. Tandis que les uns tressaillent de joie , on voit les autres plongés dans la plus morne tristesse.

Les champs de *Ligny* et de *Fleurus* rappellent aux soldats leurs anciens triomphes. Leur chef croit avoir enchaîné de nouveau cette fortune, premier mobile de son élévation et de ses succès ; mais la fortune est vindicative ; et lorsqu'une fois elle abandonne l'ingrat qu'elle a comblé de ses dons , elle ne l'approche plus que pour le tromper.

D'injuste elle devient perfide , et ne se montre entourée de tous les prestiges que pour l'entraîner au bord de l'abîme qui doit bientôt l'engloutir. Prompt et audacieux dans l'exécution de ses projets d'un troisième combat, il veut occuper toute la Belgique ; mais la prudence éprouvée d'un illustre guerrier ne semble céder à l'impétuosité du torrent que pour mieux lui opposer une digue. Les deux anciennes ri-

vales recommencent la grande lutte, et la bataille de *Waterloo* présente le spectacle su-
blime et touchant de toutes les vertus nobles
et guerrières portées au plus haut degré par
deux nations qui s'estiment en se combattant,
et qui aspirent, sur le champ d'honneur, à la
mort ou à la victoire. Le génie de Bonaparte
reparaît pour un instant. Il semble même lui
offrir la couronne des triomphes (1) ; mais, entraîné par une impétuosité funeste, il s'avance
là même où le sien devait finir. Huit cents ins-
trumens de mort, vomissant le fer et la flamme,
l'entourent de tous les côtés (2). Des files en-

----

(1) Tous les gens impartiaux assurent qu'à cinq heures et demie, la victoire était pour les Français. Le *duc
de Wellington* lui-même, dans son rapport aux Chambres d'Angleterre, a la générosité d'avouer que, dans aucune bataille, il ne s'était vu si près d'être vaincu.

(2) Rien ne prouve mieux le caractère de Bonaparte
que le trait suivant. D'après son plan, il devait attaquer les Anglais, tandis que le corps de Grouchy at-
taquerait celui du prince Blucher. La veille de la bataille,
assis sur une chaise, une lorgnette à la main, il regar-
dait vers l'endroit d'où devait s'avancer Grouchy avec ses
soldats. Tout-à-coup il découvre un grand rassemble-
ment de troupes sur une éminence. C'est Grouchy ! s'é-
crie-t-il ; et aussitôt il envoie un aide-camp à la décou-

tières de braves mordent la poussière ; ils succombent , mais en se vengeant. D'autres chancellent, et combattent encore. D'autres, ou mal commandés ou ne voulant pas obéir, avec de fausses manœuvres ébranlent les corps qui les avoisinent , et, par leurs mouvemens , font succéder à l'ordre, à l'attaque, de la mésintelligence et la confusion. Cependant plusieurs milliers de vétérans restent fidèles à leur poste.... Français , ce n'est pas la première fois qu'en bravant ces foudres exterminatrices, vous êtes parvenus à les diriger contre vos ennemis...... Mais, au loin, un cri funeste se fait entendre. Bientôt il s'étend et se propage , parcourt tous les rangs, et arrive jusqu'au centre, où le désespoir lutte encore contre la force et la valeur. Dans cet intervalle, des cavaliers, courant à toute bride , se répandent dans les bataillons, en répétant le cri terrible d'alarme *sauve qui*

---

verte. L'aide-camp revient pour lui assurer que ce ne sont pas des Français, mais des Prussiens, qui sont sur l'éminence. Il n'en veut rien croire. Il envoie encore deux fois consécutives l'aide-camp , qui lui répète toujours la même chose. L'inflexible Napoléon ne cède pas : il s'obstine à soutenir ce qu'il ne croit peut-être pas lui-même, et ordonne l'attaque pour le lendemain.

peut!.... Ce cri, poussé par la frayeur ou par l'imprudence, décide du sort de cette mémorable journée, qui fixe à son tour les destins de toute l'Europe. Des régimens entiers, comme d'un commun accord, jettent par terre leurs armes. Croyant trouver leur salut dans la fuite, ils heurtent, ils poussent, ils entraînent les autres, et forment comme une masse énorme qui s'ébranle, qui roule, qui écrase tout dans sa course rapide, et que rien ne peut plus arrêter. Le talent et l'expérience du général, le respect pour un chef dont, peu auparavant, on exaltait le nom et les victoires, ne peuvent rien sur des hommes saisis par une terreur panique, que la raison ne peut plus maîtriser. Bonaparte, livré à tout son désespoir, entouré de membres épars et de cadavres, au milieu des cris des blessés et des mourans ; Bonaparte est contraint de voir l'horrible spectacle de ceux des siens qui combattent, mais qui périssent, et de ceux qui les abandonnent au milieu des dangers. Accablé par ces images funestes, prévoyant encore un plus triste avenir, ne voyant en lui que le monarque détrôné, le guerrier vaincu, l'homme à jamais malheureux, ce fameux général, ce favori, le plus aimé de la fortune, dont la réputation avait franchi les bornes les plus reculées, Napoléon pleure !.... (1) Terrible leçon pour le despote et le conquérant !.... Le carnage devient de plus en plus effroyable : c'est en vain que cette garde intrépide résiste encore à un ennemi aussi vaillant que discipliné ; mais *vaincre ou mourir* est sa devise ; elle ne peut quitter ses drapeaux qu'en mourant. La confusion, le tumulte sont déjà arrivés à leur comble. Des monceaux d'hommes, de chariots, d'armes, de chevaux renversés ; une ligne formidable de pointes hérissées formant une immense barrière, ne sont point capables d'arrêter ceux qui ne voient que leur défaite, qui n'écoutent que leur terreur. Et Napoléon !... il fuit avec les autres. Il ose rappeler encore le souvenir d'Épypte, de Moscou, de Leipsick..... Arrête ! imprudent... Tu as pu soutenir tout le poids de ta fortune, et tu n'as pas l'âme assez forte pour souffrir un revers ?.... c'est ainsi que tu remplis les devoirs de général et de monarque ?... Rallie

---

(1) Plusieurs témoins oculaires assurent que Napoléon, au désespoir, après s'être exposé vainement au feu des batteries, tout en répandant des larmes, s'écria d'un ton presque prophétique : « Je n'ai pu mourir ! c'est donc pour quelque grand dessein que me réserve la Providence ! » Il ne s'attendait pas que c'était à bord du *Bellérophon* qu'il devait trouver l'accomplissement de ce grand dessein.

les fuyards, protège la retraite, ranime les troupes abattues.... Il a quitté le camp ; il est déjà dans la capitale.

La nouvelle de la bataille de *Waterloo* change encore la disposition des esprits. Dans quelqu s visages abattus, on voit paraître la consternation et la crainte. Les plus sensés, tout en plaignant le sort de tant de milliers de victimes, se plaisent à espérer une paix sûre et durable sous le règne de leur monarque chéri : De ce digne fils d'Henri IV, qui offrait des récompenses à celui qui lui sauverait des Français (1) ; qui jouissait de voir un prince de sa famille entourer le lit des blessés. C'étaient cependant ces mêmes soldats qui avaient abandonné ses drapeaux pour se ranger sous ceux de son ennemi ; mais ce bon père ne voyait en eux que des enfans égarés, ou des malheureux qui gémissaient dans les fers et la douleur.

Tandis que les Bourbons vengeaient leurs injures par de nouveaux traits d'humanité et d'héroïsme, Bonaparte, triste et morne dans

---

Il est assez connu que notre bon Roi fit remettre à lord Wellington 5oo,ooo francs, pour distribuer ces récompenses ; et que M. le duc de Berri consolait et soignait lui-même les blessés français tombés au pouvoir des ennemis.

3

le fond de son palais, cherchait en vain à rani-
mer son courage, et à trouver des moyens pour
réparer la faute qu'il avait commise; mais on
lui refusa toute ressource. C'est alors qu'il se
vit perdu sans retour, et on n'apperçut plus en
lui que l'homme succombant sous le poids du
remords et de l'infortune.

Les (soi-disant) représentans du peuple
avaient considéré Napoléon sous deux rap-
ports : et comme un monarque qui se dépouil-
lait, en leur faveur, de la plus grande partie
de son autorité, et comme un général dont
les talens pouvaient garantir la France d'une
agression de la part de ses ennemis. Dans le
premier cas, leur but était déjà atteint, puisque, indépendamment de l'acte additionnel
qu'il avait promis de corriger, d'amplifier, ils
avaient de leur seul pouvoir et sans le concours
du monarque, procédé à la rédaction d'une
constitution nouvelle. Dans le second cas, le
général ayant été vaincu, ils crurent alors devoir le considérer comme dangereux et inutile;
et, pour se défaire, en même temps, et du
monarque qui n'avait plus rien à céder, et du
général qui n'avait pu les défendre, ils som-
mèrent Bonaparte de signer son abdication.

Ce coup de foudre qu'il avait cru, peut-être,
prévenir, après sa défaite, en volant dans la
capitale, finit par abattre le peu de courage qui

lui restait. Séparé de ses soldats, et désespé-
rant de rien obtenir et par la persuasion et par
la force, il signa enfin, malgré les insinuations
de ses frères et les cris de quelques factieux,
l'abandon d'une puissance dont il avait si long-
temps abusé ; et, dans le court espace de trois
jours, par un événement qui sera mémora-
bledans l'histoire, il fut battu, il fuit, il ab-
diqua.

Depuis ce moment, l'attention du public se
fixa sur les Chambres, devenues les déposi-
taires des destins de la France. Nous allons
examiner rapidement leur conduite dans une
mission aussi importante.

On a beaucoup vanté la fermeté des Chambres dans cette circonstance, sans réfléchir
qu'il n'y a pas de fermeté là où il n'existe pas
d'opposition, et que l'acte d'abdication fut
proposé et accepté dans le court espace de
vingt-quatre heures.

Cependant cette abdication, qui devait faci-
liter les négociations avec les puissances, ne
fit qu'élever de nouveaux inconvéniens.

Puisque les souverains alliés, il faut le ré-
péter encore, avaient déclaré la guerre, non-
seulement à Bonaparte, mais à toute sa dynastie, comment les Chambres pouvaient-elles

espérer de rendre la paix à leur patrie en pro-
clamant Napoléon II ? Comptaient-elles sur les
affections particulières d'un prince à l'égard
de l'épouse et du fils de l'empereur détrôné ;
mais ce prince ne pouvait manquer à ses
engagemens sacrés avec les autres souverains,
sans entraîner la guerre dans ses Etats et sacrifier ainsi la tranquillité de ses peuples. Les
Chambres se fiaient-elles aux diverses procla-
mations de ces souverains, de ne point s'in-
gérer dans le gouvernement de la France ? Mais
il y a une différence extrême entre l'adoption
d'un système quelconque de gouvernement, **et**
l'élection du *chef* de ce gouvernement. Les
puissances n'avaient pas le droit d'exiger que
le gouvernement en France fut mixte, monar-
chique ou absolu ; mais elles ne pouvaient voir
avec indifférence qu'on mît à la tête de ce gouvernement plutôt Napoléon II que Louis XVIII.
C'était ce Roi qu'elles voulaient replacer sur le
trône, comme celui dont les principes et le caractère convenaient le plus à la politique de
l'Europe et au maintient des articles du congrès.

Cependant, bercées d'une espérance chi-
mérique, et se reposant sur l'habileté de leurs
commissaires, les Chambres entament leurs
négociations, lorsque Bonaparte était encore

au palais de l'Elysée ; c'est-à-dire, lorsque sa présence ne pouvait qu'augmenter les difficultés et retarder un heureux résultat. Les alliés étaient à peu de lieues de la capitale , le parti opposé devenait plus fort et plus entreprenant : et les Chambres s'arrêtaient encore à des discussions futiles ou déplacées, ne prenaient que des dispositions tardives ou insuffisantes.

Par la désunion qui régnait dans leurs séances, par leurs mesures peu énergiques, et par le secret impénétrable qui cachait une grande partie des événemens, il paraissait qu'une main invisible frayait ainsi le chemin au retour des Bourbons, au retour de ces illustres rejetons d'une ancienne dynastie, que deux fois le malheur avait chassé de leur trône et de leur berceau.

Napoléon ayant en vain attendu une sauvegarde qui pût assurer sa retraite, se décida enfin à quitter la capitale. Loin de sa famille, séparé à jamais d'un fils et d'une épouse, abandonné de presque tous ses partisans ; seul, errant, proscrit, ne portant avec lui que le triste souvenir de ses fautes et de ses grandeurs, il va subir les lois de ces ennemis mêmes auxquels il avait juré une éternelle vengeance ; de ces ennemis qui l'ont renversé d'un trône qu'il aurait pu rendre illustre moins par des victoires que par des bienfaits. Entouré d'une force (1) imposante, au milieu de tous les prestiges qui peuvent séduire le monarque le plus ambitieux, il eut un moment pour rendre encore la paix et le bonheur à l'Europe : ce moment, il l'avait négligé ; et depuis lors il n'essuya que des humiliations, des revers et des pertes, qui l'entraînèrent dans l'état nul, abjecte, d'où rien ne peut plus le tirer.

Quelques jours s'étaient écoulés, et malgré l'attente pénible de tous les esprits, nul avis ne parvenait aux Chambres, du résultat des négociations avec les puissances, et le bruit de leurs canons retentissait déjà dans Paris. C'est cependant au milieu du danger le plus imminent, que ces députés si faibles, si discordans, si irrésolus s'efforcèrent de reprendre cette fermeté et cette énergie qui convenaient à ceux qui s'étaient constitués comme représentans d'un grand peuple. Mais ils avaient à lutter contre un pouvoir devenu irrésistible, contre une force secrète que rien n'était capable de

____

(1) En effet, avant la malheureuse guerre de Moscou, qui aurait pu ébranler l'énorme puissance de Napoléon?... Et l'Europe reconnaissante n'élève pas des statues à un Rhomptosky?...

balancer ; et enfin , contre les décrets de la Providence, qui, par des moyens plus efficaces et bien plus légitimes , voulait préparer un terme à nos craintes et à nos malheurs.

Le soldat français arrose encore de son sang le sol de la patrie , et sa valeur étonne même ses ennemis. Mais que peut sa valeur contre le nombre et la fortune ? il frémit, mais il est contraint de céder.

Le drapeau tricolore flotte encore sur le château des Bourbons, et Louis XVIII est aux portes de la capitale !.... Quelle sera désormais la couleur préférée comme la plus propre à concilier les opinions avec les circonstances ?....

.... Les troupes des alliés sont entrées dans nos murs ; et malgré une inutile et vigoureuse surveillance , tous les chemins qui conduisent au Roi tant désiré, sont encombrés par ses sujets les plus fidèles. Bientôt mille acclamations annoncent l'entrée triomphante du Chef auguste des Bourbons (1). Quelques abus qu'entraîne la victoire feraient soupçonner l'asservissement d'un peuple qui ne veut plus vivre sans droits et sans liberté. Mais l'arrivée des

─────────────

(1) Je dis triomphante, parce qu'en effet aucune circonstance n'a manqué pour la rendre telle, et que la joie générale est le plus beau triomphe pour un bon Roi.

Maîtres de l'Europe vient dissiper toutes les craintes, et assurer une paix si long-temps souhaitée ! Pour la rendre solide et durable, pour éviter de nouveaux malheurs, et peut-être de nouveaux crimes, puissent-ils se pénétrer des véritables vœux des Français !

Non, ils ne frustreront pas les espérances d'une nation qui attend tout de leurs lumières et de leur justice. Alexandre est trop magnanime pour nous laisser des regrets. Et Louis !.... ses expressions sont le garant de ses promesses.... Mais, que de tâches ne lui reste-t-il pas à remplir ! Des punitions, des récompenses, un pacte solennel entre lui et ses sujets !.... Des punitions ! quel devoir pénible pour un bon souverain !..... Sujets égarés, comptez encore sur le cœur d'un Bourbon. S'il punit, ce sera pour effacer à jamais votre faute, pour pardonner ensuite aux larmes du repentir. Un roi juste n'est pas un Roi sanguinaire, et le règne de l'amour ne doit pas être celui de la terreur.

L'attention du public, fixée toujours sur les premières démarches d'un Prince, devient encore plus scrupuleuse quand elle le voit se préparer à dispenser des récompenses ou infliger des punitions ; et c'est suivant qu'elles sont justes ou injustes, que les peuples se forment une idée vraie et de ses sentimens et de ses lumières, et du degré de respect et d'estime qu'ils doivent au souverain. Alors, si l'honnête homme est indigné de voir les *grands coupables* se soustraire à la punition des lois, il ne peut que se réjouir du prix qu'on accorde au mérite et aux talens. Le crime puni le rassure sur sa tranquillité individuelle, et le mérite récompensé excite son émulation en flattant ses espérances. Cependant, comme la bienfaisance est l'attribut le plus digne d'un bon Roi, on respectera le Prince sévère, mais on aimera toujours le Prince bienfaisant.

Ce sentiment, qui est gravé dans tous les cœurs honnêtes, d'aimer et de respecter un bon Prince, n'est pas certainement une vertu, mais un devoir que les lois, l'honneur et la raison nous imposent. Cependant, comme les écarts de l'esprit humain, la fougue des passions ont souvent fait oublier aux hommes ce principe d'où dérivent, en grande partie, la sûreté des trônes et des Etats ; il serait injuste de vouloir priver l'âme magnanime du monarque de la douce satisfaction de reconnaître ceux qui, constans dans leur opinion, ne se sont jamais écartés de ce devoir ni de ce principe. C'est pourquoi la récompense serait perdue, et même dangereuse, si elle changeait de but, et n'était dirigée par la justice la plus exacte.

Le souverain, oppressé par une foule importune, ne peut souvent apercevoir l'homme d'honneur et le sujet fidèle qui se retire et gé–

mit de n'avoir pu même obtenir un regard d'approbation de son Prince. Et quand celui-ci reconnaît son erreur, il frémit d'avoir prodigué ses dons au flatteur, à l'intrigant, à l'homme nul, et quelquefois au séditieux et au traître.

Mais dans une perplexité aussi cruelle, comment pourra-t-il, le monarque, ne pas se tromper dans son choix ? Par un moyen bien facile ; en choisissant ces hommes courageux qui, bravant tous les périls, n'ont jamais abandonné, près du souverain, le poste que l'honneur leur avait confié ; qui l'ont toujours suivi dans l'exil et l'infortune ; ceux qui, dédaignant les faveurs du puissant heureux, n'ont jamais protégé une cause que leurs idées ou leurs principes désavouaient ; qui n'ont prostitué leur approbation ni leurs éloges aux chances du sort, aux délires des peuples, aux fautes ou aux abus du pouvoir : enfin, en choisissant ceux qui, tant par leur conduite que par leurs écrits, ont honoré et constamment défendu la cause de la raison, de l'humanité et de la patrie... Pour comble d'impudence, verrait-on encore briguer les largesses du bon monarque, par ceux qui furent comblés des faveurs du tyran qu'ils trahissaient ?..... Dans une circonstance aussi délicate, tout bon Français doit se reposer sur la sagesse d'un Roi non moins connu par sa justice que par ses lumières.

Le plus beau présent d'un monarque envers

ses peuples, est la cession qu'il leur fait d'une partie de son autorité ; ou, pour mieux dire, c'est ce pacte où il ne reconnaît d'autre titre, d'autre autorité que celle qui lui vient de l'accord unanime de ses peuples ; c'est aussi ce qui distingue le monarque du despote ; ce qui, dans Athènes, fit élever des autels aux Thésées, et chasser les Héraclides.

Esclavage et bonheur sont deux choses aussi incompatibles que *liberté absolue et civilisation*. Cependant rien ne serait plus conforme à la nature, ni plus utile pour un peuple que de confier les droits de sa liberté, les garanties de son bonheur entre les mains d'un seul chef qui, comme le père d'une vaste famille, réglât les intérêts de tous ses enfans. Ce chef, ne dépendant pas de plusieurs volontés, souvent contraires et sujettes à mille inconvéniens dans ces assemblées tumultueuses où chaque individu peut dicter des lois ; ne pouvant être entraîné pas l'ascendant dangereux de l'éloquence, ni par un esprit de parti ou de faction ; vouloir, commander, faire agir, ne serait en lui que l'effet d'une seule cause, le résultat d'une seule opinion. Il est bien rare, avouons-le, qu'un prince puisse réunir toutes les qualités requises pour bien gouverner, et l'ambition, l'adulation et l'intrigue mettent souvent une barrière de bronze entre lui et ses peuples. Pour franchir cette barrière et l'abattre à jamais, il faut un pouvoir coercitif établi d'un commun consentement et par le monarque et par le peuple. Ce pouvoir, en laissant au premier une partie de l'autorité, se réserve cependant celle qui sera suffisante pour garantir les droits et la liberté des citoyens. Mais, jusqu'à quel degré un peuple peut-il jouir de cette liberté? ou, pour mieux dire, quel sera le peuple auquel on pourra supposer assez de force et d'énergie pour la soutenir? Ce sera sans doute ce peuple noble, éclairé, qui, ne formant qu'une masse commune, ne marchant qu'à un seul but, conservera le profond sentiment de dignité qui convient à une grande nation, et qui saura sacrifier ses plus chers intérêts aux noms sacrés de son prince et de sa patrie. Mais le peuple, qui confondra le fanatisme avec la religion, le patriotisme avec la fureur, le zèle et l'opinion avec l'exaltation et le délire; le peuple, divisé et par ses principes et par ses sentimens; qui, lorsque de graves maux menacent son pays, ne s'occupe qu'à des dissentions particulières, à se nuire, à s'entre-déchirer; qui, au lieu de détourner ou de braver la foudre, se plaît à communiquer, à propager l'incendie; ce peuple, n'est pas digne de jouir du don précieux de l'indépendance. — *Frappe! mais écoute,* dit Thémistocle à l'inflexible Spartiate qui tenait le bâton levé sur l'Athénien. Il était question de la patrie, et l'inflexible Spartiate écouta et céda. On vit le magnanime Aristide, dans un jour de bataille, remettre toute son autorité entre les mains de son rival le plus acharné. Thémistocle vainquit, et son ennemi fut le premier à applaudir à son triomphe. Thémistocle venait de sauver la patrie. Regardez ce paysan grec, dans une invasion des Perses, partir d'une course rapide, ne s'arrêter que lorsqu'il put avertir du danger qui menaçait la patrie.... *Les ennemis!...* ce furent les seules paroles qu'il put proférer, et il tomba d'épuisément et de fatigue. Lorsque les chefs, les citoyens et la patrie ne formaient en Grèce qu'un seul mot, elle put arrêter, avec des forces bien inférieures, les innombrables armées du roi des rois. Xerxès, brûlant Athènes, redoutait encore les mânes de ces héros qui étaient morts aux Thermopyles. Dès que s'élevèrent à Rome les querelles de parti, les Curtius, les Horaces, les Décius, les Fabius disparurent à jamais. Sylla et Marius, en établissant l'exemple des discordes, firent plus de mal à leur patrie, que par leurs vengeances et leurs persécutions. Où la division commence, le véritable patriotisme finit ; et quand les Grecs et les Romains ne furent plus des frères, ils cessèrent d'être citoyens.

Français , que les leçons des siècles , que votre propre expérience ne soient pas perdues pour vous. Républicains , renoncez à une noble chimère. Royalistes , vous possédez déjà Louis. Bonapartistes , Napoléon n'existe plus. Réunissez-vous donc tous autour du trône ; rendez-le fort par votre union et votre dévoûment à la cause commune. Écrivains , n'irritez plus par vos injures , par vos libelles , ne divisez plus vos concitoyens. Remplissez une tâche plus digne. Soyez les organes des plaintes que nous arrache le malheur. Faites-les retentir juqu'au pied des trônes. Osez rappeler aux maîtres de l'Europe et leurs promesses et leurs anciens bienfaits. Réveillez leurs sentimens magnanimes en offrant devant leurs yeux le triste tableau de nos calamités. Faites-leur voir ces provinces désertes , ces chaumières incendiées , ces mères , ces épouses en pleurs , ces misérables habitans errans sans secours , sans asyle , livrés à tous les maux de la misère et du désespoir. Détournez leurs regards sur ce monarque respectable et par l'âge et par les malheurs , qui gémit sur le triste sort de ses enfans. Voilà le devoir que devraient s'imposer ceux qui écrivent pour le public dans de si pénibles circonstances , auxquelles chaque jour semble ajouter de nouvelles frayeurs !....

Le colosse n'est-il pas tombé? sa dynastie

n'est-elle pas proscrite? Louis n'est-il pas sur le trône? n'existe-t-il pas un traité sanctionné par toutes les puissances ?.... Pourquoi donc ce secret impénétrable qui semble menacer notre sort à venir? pourquoi tant de phalanges viennent-elles se joindre encore à d'innombrables guerriers? Est-ce contre une armée qui a repris le signe, qui a arboré le drapeau de ses anciens Rois? est-ce contre un peuple qui souffre, mais qui n'oppose pas de résistance?.... Après avoir éclairé toute l'Europe, la France devrait-elle gémir dans les fers? la grande *réparation* ne s'est-elle pas accomplie? les torts d'un seul homme devraient-ils peser sur toute une nation, et vingt-cinq millions d'habitans souffriraient-ils pour un individu déjà puni et mis dans l'impossibilité de nuire désormais?..Certes, quelques Français, conduits par un chef qui voulait ébranler toute l'Europe, y auront peut-être laissé de tristes souvenirs; mais ils entraient, non en *amis*, mais en conquérans; et, dans un pareil cas, quelle est la nation qui ne puisse se faire les mêmes reproches? Voudrait-on punir les restes d'une malheureuse révolution?......... Punir! sur qui? sévirait-on sur des cadavres ou des victimes?.. Quel triste héritage resterait-il à Louis? Au milieu d'un peuple infortuné, voir des larmes qu'on ne peut pas essuyer, des maux auxquels on ne peut pas accorder des secours, des ruines qu'on ne peut pas réparer... A ce prix, qui oserait souffrir le funeste poids d'une couronne?... Mais non, loin de vouloir appesantir sur nos malheurs, Alexandre, François et Guillaume ne sont venus que pour les alléger et rendre la tranquillité à la terre, si long-temps arrosée de larmes et de sang.

Voilà ce que nous devons attendre des promesses des augustes alliés de Louis XVIII. Non, les pages de l'histoire ne les rappelleront pas comme des ennemis implacables, mais comme les protecteurs généreux d'une nation qui a su combattre et céder. Ils ne voudront pas faire de nous un vil troupeau d'esclaves, fléchissant sous la verge qui ne les épargne que pour les tyranniser.

Français, réunissez-vous tous sous l'étendard des lys, et, par votre maintien courageux et noble, réclamez moins la pitié que la justice de l'Europe, qui a ses regards fixés sur vous... Qui pourrait désormais désunir vos intérêts et vos sentimens?... L'idole est enfin renversée!.. Il n'y a donc plus lieu ni à la vengeance, ni à l'adoration. Désunis, que n'avez-vous pas à craindre? unis, que n'avez-vous pas à espérer?

———————